BEI GRIN MACHT SICH IHR WISSEN BEZAHLT

AF153354

- Wir veröffentlichen Ihre Hausarbeit, Bachelor- und Masterarbeit

- Ihr eigenes eBook und Buch - weltweit in allen wichtigen Shops

- Verdienen Sie an jedem Verkauf

Jetzt bei www.GRIN.com hochladen und kostenlos publizieren

Aufwandschätzung von Softwareprojekten. Schätzverfahren in der Softwareentwicklung

Max Reckenburg

Bibliografische Information der Deutschen Nationalbibliothek:

Die Deutsche Nationalbibliothek verzeichnet diese Publikation in der Deutschen Nationalbibliografie; detaillierte bibliografische Daten sind im Internet über http://dnb.d-nb.de abrufbar.

ISBN: 9783346896698
Dieses Buch ist auch als E-Book erhältlich.

© GRIN Publishing GmbH
Trappentreustraße 1
80339 München

Alle Rechte vorbehalten

Druck und Bindung: Books on Demand GmbH, Norderstedt Germany
Gedruckt auf säurefreiem Papier aus verantwortungsvollen Quellen

Das vorliegende Werk wurde sorgfältig erarbeitet. Dennoch übernehmen Autoren und Verlag für die Richtigkeit von Angaben, Hinweisen, Links und Ratschlägen sowie eventuelle Druckfehler keine Haftung.

Das Buch bei GRIN: https://www.grin.com/document/1367182

Wirtschaftsinformatik

Aufwandschätzung von Softwareprojekten

Studienarbeit 2011

Inhaltsverzeichnis

Abbildungsverzeichnis 3

Tabellenverzeichnis 4

1 Einleitung 5

2 Schätzverfahren in der Softwareentwicklung 6

2.1 Bedeutung und Zweck 6

2.2 Einordnung der Aufwandsschätzung in das IT-Projektmanagement 7

2.3 Die Function-Point-Methode als Schätzverfahren 8

2.3.1 Entstehung und Entwicklung 8

2.3.2 Ansatz und Zielsetzung 8

2.3.3 Vorgehensweise 10

2.3.4 Die Object-Point-Methode – Eine Variante der Function-Point-Methode

.... 13

2.3.5 Die Delphi-Methode als Ergänzung zur Function-Point-Methode 13

2.3.6 Einschätzung 14

3 Zusammenfassung 15

Literaturverzeichnis 16

Anhang 19

Anhang 1: Beispiele für Geschäftsziele in der Softwareindustrie 19

Anhang 2: Untersuchte Schätzmethoden bei einer Vergleichsstudie von Chris
Kemerer 19

Anhang 3: Einflussfaktoren der Function-Point-Methode 19

Anhang 4: Beispielberechnung der Function-Point-Methode 20

Anhang 5: Durchschnittlicher Aufwand der Softwarebranche 21

Anhang 6: Function-Point-Produktivitätskurve 22

Glosar 23

Abbildungsverzeichnis

Abbildung 1: Zeitpunkte für Aufwandsschätzungen... 7

Abbildung 2: Geschätzte und tatsächliche Codezeilenanzahl nach Edward Yourdon.. 10

Abbildung 3: Codezeilen je Function Point für verschiedene Programmiersprachen... 12

Abbildung 4: Durchschnittlicher Aufwand der Softwarebranche...................... 21

Abbildung 5: Function-Point-Produktivitätskurve... 22

Tabellenverzeichnis

Tabelle 1: Gewichtungsfaktor Komplexität 11

Tabelle 2: Anzahlermittlung bei der Function-Point-Methode 20

Tabelle 3: Gewichtung bei der Function-Point-Methode................................... 20

Tabelle 4: Berechnung des Einflussfaktors 20

1 Einleitung

„Eine Schätzung ist eine Vorhersage darüber, wie lange ein Projekt dauert und wie hoch dessen Kosten sind."[1] Entscheidend ist, dass es sich bei einer Schätzung um eine Vorhersage, nicht aber um Geschäftsziele handelt. Während Ziele, wie die Beispiele im Anhang zeigen, Wunschformulierungen sind, überprüfen Schätzverfahren die realistische Möglichkeit der Zielerreichung.[2]

Aufwandsschätzungen dienen vor allem dazu, Festpreisangebote und Kostenvoranschläge erstellen zu können.[3] Im IT-Projektmanagement nehmen sie eine wesentliche Rolle ein, denn „viele Projekte scheitern aufgrund mangelhafter Aufwandsschätzung."[4] Diese Semesterarbeit steigt im Grundlagenkapitel mit dieser Thematik ein und zeigt die Bedeutung der Aufwandsschätzung auf und ordnet sie in das IT-Projektmanagement ein. Nicht Bestandteil dieser Semesterarbeit ist hierbei die Hinterfragung, inwieweit hinter einer mangelhaften Aufwandsschätzung eventuell auch strategische Überlegungen der schätzenden Unternehmen stehen können, um auf diese Weise durch unpräzise Schätzungen lukrative Angebote unterbreiten zu können.

Seit vier Jahrzehnten entwickeln Experten immer präzisere Schätzverfahren. Die meisten von ihnen haben ihren Ursprung in der Praxis, da hier genug empirische Daten zur Entwicklung von Schätztechniken vorliegen.[5] Eines dieser Verfahren ist die sogenannte Function-Point-Methode, auf die ausführlich in Kapitel 2.3 eingegangen wird. Neben Hintergrundinformationen und der Vorgehensweise dieser Methode werden auch Bezüge zur Object-Point-Methode zur Delphi-Methode hergestellt.

Kapitel 3 schließt mit einer Zusammenfassung der wesentlichen Kernaussagen diese Semesterarbeit ab.

---

[1] McConnel (2006), S. 33.
[2] vgl. McConnell (2006), S. 33-34.
[3] vgl. Lange (2010), S. 124.
[4] Lange (2010). S. 124.
[5] vgl. Sneed (2005), S. 36.

2 Schätzverfahren in der Softwareentwicklung

2.1 Bedeutung und Zweck

Aufwandsschätzungen gewinnen in der Softwareindustrie zunehmend an Bedeutung, denn „…was die Spitzenführungskräfte am meisten schätzen, ist die Vorhersagbarkeit."[6] Begründen lässt sich dies mit den Zusagen, die an alle Interessengruppen, insbesondere gegenüber den Kunden gemacht werden müssen.[7]

Aber auch mitunter sehr große Schätzfehler aus der Vergangenheit in unterschiedlichsten Wirtschaftszweigen zeigen die Bedeutung auf, die Aufwandsschätzungen erfahren sollten. Folgend eine Auswahl solcher tatsächlichen Schätzfehler:

- Das Baseballstadion der Seattle Mariners sollte 250 Mio. Dollar kosten, 4 Jahre später wurde es fertiggestellt und kostete insgesamt 517 Mio. Dollar (Schätzfehler: ca. 100%).
- Statt den geschätzten 2,6 Mrd. Dollar kostete das Autobahnprojekt Big Dig in Boston ca. 15 Mrd. Dollar (Schätzfehler: ca. 400%)
- 8,8 Mio. Euro sollten die Irish Personnel, Payroll and Related Systems (PPARS)[8] ursprünglich kosten; es entstanden jedoch Kosten in Höhe von knapp 150 Mio. Euro.
- Das FBI gab das Projekt "Virtual Case File" (VCF) auf, nachdem es im Jahr 2005 bereits 170 Mio. Dollar gekostet hat, aber nur 1/10 des geplanten Funktionsumfanges besaß.[9]
- Die webbasierte Software A2LL kostete die Bundesagentur für Arbeit laut einem Schreiben des schleswig-holsteinischen Landkreistages an die Landkreise aus dem Jahr 2006 fünffach so viel wie zunächst veranschlagt.[10]

---

[6] McConnell (2006), S. 63.
[7] vgl. McConnell (2006), S. 63.
[8] vgl. Glossar, S. VI.
[9] vgl. McConnell (2006), S. 65.
[10] vgl. Borchers (2006)

Als Ergebnis liefert die Aufwandsschätzung in erster Linie drei unverzichtbare Planwerte: die Laufzeit des Projektes, den Ressourcenbedarf insbesondere an Personal sowie den Aufwand als Maßstab zur Messung des Projektzustands.[11] Insofern werden Aufwandsschätzungen beispielsweise zur Ermittlung von Angebotspreisen und zur zuverlässigen Termin- und Mitarbeitereinsatzplanung herangezogen.[12]

Weiterhin ist die Aufwandsschätzung eine Vorbedingung der Wirtschaftlichkeitsanalyse,[13] da durch sie die Kosten des Softwareprojektes geschätzt werden können und sich so bestimmen lässt, in wie weit die Projektumsetzung aus wirtschaftlicher Sicht lohnend ist.[14]

2.2 Einordnung der Aufwandsschätzung in das IT-Projektmanagement

Wie Abbildung 1 zeigt, wiederholt sich die Aufwandsschätzung im Laufe des Projektfortschritts und wird dabei ständig konkretisiert.

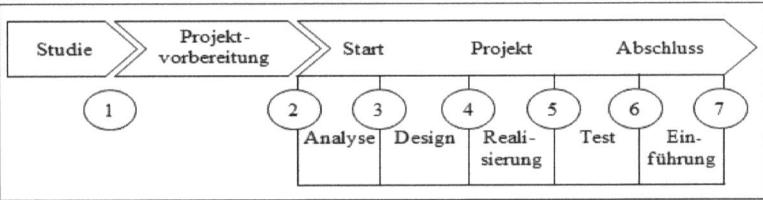

Abbildung 1: Zeitpunkte für Aufwandsschätzungen[15]

Nach Fertigstellung der Studie (Zeitpunkt 1 in Abbildung 1) ist das Konzept für das neue Softwareprojekt initiiert. Es liegen jedoch zu wenige Informationen für eine fundierte Schätzung vor, so dass lediglich eine grobe Aufwandsschätzung möglich ist.

Zum Projektstart bilden sich erste Projektteams und es werden Entwicklungsumgebung sowie Programmiersprachen auf einem sogenannten Kick-Off-Meeting festgelegt (2), so dass die erste verbindliche Aufwandsschätzung erstellt werden kann.

---

[11] vgl. Sneed (2010), S. 269.
[12] vgl. Schwarze (2010), S. 71.
[13] vgl. Glossar, S. VI.
[14] vgl. Sneed (2010), S. 269.
[15] in Anlehnung an Bundschuh/Fabry (2000), S. 64.

Im weiteren Projektverlauf (3-6) erfolgt zu kritischen Zeitpunkten eine Aktualisierung der bisherigen Schätzung, bevor nach dem Projektabschluss (7) schließlich eine Projektnachkalkulation erfolgt. Hierbei geht es zum einen um die Erfolgsmessung des abgeschlossenen Projektes, aber zum anderen auch um den Erfahrungsaustausch zur kontinuierlichen Verbesserung zukünftiger Schätzungen von Softwareprojekten.[16]

2.3 Die Function-Point-Methode als Schätzverfahren

2.3.1 Entstehung und Entwicklung

Die Function-Point-Methode wurde 1979 von Allan Albrecht für IBM entwickelt[17] und „… gilt als die beste Schätzmethode für kommerzielle Anwendungen.“[18] Zu diesem Ergebnis kommt unter anderem eine Vergleichsstudie von Chris Kemerer, in der er vier Methoden anhand von 15 Softwareprojekten miteinander verglichen hat.[19] Im Anhang sind die miteinander verglichenen Schätzmethoden namentlich aufgelistet, auf die Vorteile der Function-Point-Methode wird in Kapitel **Fehler! Verweisquelle konnte nicht gefunden werden.** eingegangen.

Die Function-Point-Methode ist in vielen Varianten weltweit verbreitet und immer wieder gibt es Weiterentwicklungen.[20] In diesem Zusammenhang ist die International Function Point Users Group (IFPUG)[21] zu nennen. Die non-Profit-Organisation verfolgt das Ziel, die effiziente Entwicklung und Wartung von Anwendungssoftware durch den Einsatz der Function-Point-Methode zu fördern.[22]

2.3.2 Ansatz und Zielsetzung

„Es gibt keine Lehre in der Geschichte der Softwaremetrik, die mit so viel Mythos verbunden ist wie die der Function-Point-Messung.“[23] Dies zeigt u.a. ein Experiment mit 22 Systemanalytikern, deren Aufgabe es war, die Function-Points anhand eines Fachkonzeptes zu zählen. Die Spannweite der Ergebnisse reichte

---

[16] vgl. Bundschuh/Fabry (2000), S. 63-66.
[17] vgl. Bundschuh/Fabry (2000). S. 180.
[18] o. V. (2000), S. 104.
[19] vgl. Bundschuh/Fabry (2000). S. 183.
[20] vgl. o. V. (2000), S. 104.
[21] vgl. Glossar, S. IV.
[22] vgl. o. V. (2009).
[23] Sneed (2010), S. 284.

von 26 bis 159 Function-Points.[24] Nachdem im Vorfeld eines weiteren Experiments einheitliche Richtlinien zur Zählweise festgelegt wurden, wichen die Ergebnisse nur um 12 Prozent voneinander ab.[25] Dies begründet auch den grundsätzlichen Ansatz der Function-Point-Methode, dass zur kontinuierlichen Verbesserung der Schätzergebnisse das Aufzeichnen der Schätzwerte während und nach Abschluss des Projektes empfehlenswert ist.[26]

Als Ergebnis liefert die Function-Point-Methode nicht direkt den Aufwand, sondern die funktionale Größe eines Softwareprojektes durch die Zählung von Function-Points, wie in Kapitel **Fehler! Verweisquelle konnte nicht gefunden werden.** näher erläutert wird.[27] Ein Function-Point ist eine künstliche Maßeinheit, die beispielsweise in Codezeilen konvertiert werden kann.[28]

An dieser Stelle stellt sich die Frage, warum die Codezeilen nicht ohne den Umweg über die Function-Point-Methode ermittelt werden. Ein wesentlicher Grund hierfür ist, dass Codezeilen zu Beginn eines Projektes nicht gezählt werden können, sondern geschätzt werden müssen. Daraus ergibt sich ein großer Schätzfehler, wie u.a. die im folgenden abgebildeten Ergebnisse einer Untersuchung von Edward Yourdon[29] zeigen.[30]

---

[24] vgl. Jeffery/Low (1990), S. 67-77.
[25] vgl. Kemerer (1993), S. 88.
[26] vgl. Bundschuh/Fabry (2000), S. 185.
[27] vgl. Hoffmann (2010).
[28] vgl. McConnell (2006), S. 234.
[29] vgl. Glossar, S. VI.
[30] vgl. DeMarco (2004), S. 285-286.

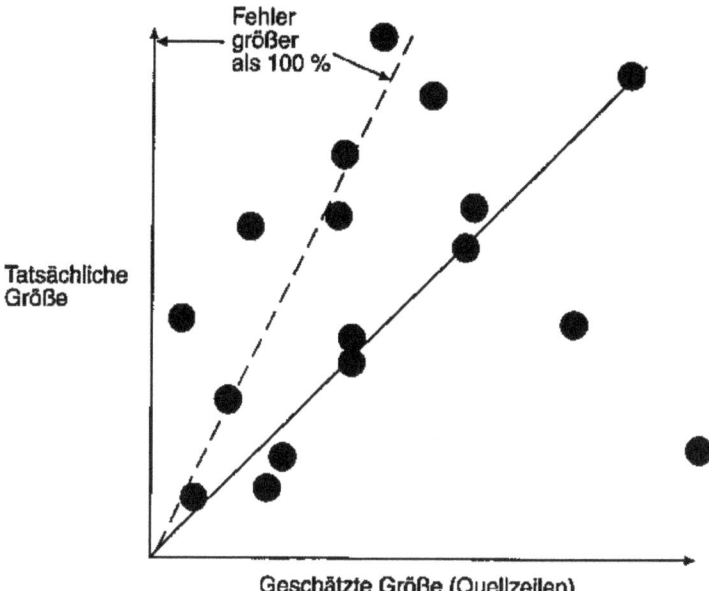

Abbildung 2: Geschätzte und tatsächliche Codezeilenanzahl nach Edward Yourdon[31]

Die starke Streuung zwischen geschätzter und tatsächlicher Codezeilenanzahl macht den großen Schätzfehler deutlich.

2.3.3 Vorgehensweise

Um die Anzahl der Function-Points ermitteln zu können, muss zunächst festgestellt werden, wie oft jedes der folgenden 5 Datenbewegungstypen in der zu planenden Software vorkommt: Externe Eingabedaten (z.B. Formulare und Dialogfelder), externe Ausgabedaten (z.B. Bildschirme und Berichte), externe Abfragen (z.B. direkte Datenbankabfrage), interne logische Datenbestände (z.B. einzelne Tabellen einer Datenbank) und externe Schnittstellen-Datenbestände (z.B. Datenbestände während einer Interaktion zweier Programme).[32]

---

[31] DeMarco (2004), S. 284.
[32] vgl. McConnell (2006), S. 234-235.

Die Funktionen werden anschließend nach ihrer Komplexität gewichtet. Die IF-PUG hat die Gewichtungsfaktoren des Gründers der Function-Point-Methode als Norm übernommen; sie können folgender Tabelle entnommen werden.[33]

Typ	Einfach	Mittelkomplex	Komplex
Externe Eingabe	3	4	6
Externe Ausgabe	4	5	7
Externe Abfrage	3	4	6
Interne Datenbank	7	10	15
Ext. Schnittstelle	5	7	10

Tabelle 1: Gewichtungsfaktor Komplexität[34]

Das Produkt aus der Anzahl der Elemente und dem jeweiligen Gewichtungsfaktor wird als unjustierter Function-Point-Wert bezeichnet.

Die unjustierten Function-Point-Werte werden um einen Einflussfaktor berei-nigt.[35] Die Berechnung des Einflussfaktors basiert auf 14 Faktoren, die Einfluss auf die Komplexität des Programmes haben und beinhalten z.B. die Datenkom-munikation und die interaktive Eingabe. Eine komplette Auflistung aller Einfluss-faktoren ist dem Anhang zu entnehmen. Jeder Einflussfaktor bekommt ein Ge-wicht zwischen 0 und 5, wobei 5 einem sehr starken Einfluss entspricht und der Faktor bei 0 vernachlässigt wird. Die Summe der Gewichte wird zwecks Um-wandlung in eine Bruchzahl mit 0,01 multipliziert und anschließend zu 0,65, der Untergrenze des Einflussbereiches, addiert, um den Einflussfaktor zu erhalten.[36]

Das Produkt aus der Summe der unjustierten Function-Point-Werte und dem Ein-flussfaktor ergibt den justierten Function-Point-Zähler. Ein Beispiel im Anhang verdeutlicht die Vorgehensweise gemäß der Function-Point-Methode.

Da es sich bei dem justierten Function-Point-Wert um eine künstliche Maßeinheit handelt, ist der Wert zunächst wenig aussagekräftig. Er kann jedoch mit Hilfe von allgemeinen oder firmeninternen Erfahrungswerten z.B. in die Anzahl von Code-zeilen[37] und anschießend oder auch unmittelbar über die Function-Points in die

---

[33] vgl. Sneed (2005), S. 41-42.
[34] in Anlehnung an Sneed (2010), S. 283.
[35] vgl. McConnell (2006), S. 235.
[36] vgl. Sneed (2005), S. 43-44.
[37] vgl. McConnell (2006), S. 237.

benötigten Personenmonate[38] konvertiert werden. Folgend ein Beispiel für eine solche Konvertierungstabelle:

Programmiersprache	Programmieranweisung je Function Point		
	Minimum (minus 1 Standardabweichung)	Normal (am häufigsten vorkommender Wert)	Maximum (plus 1 Standardabweichung)
Ada 83	45	80	125
Ada 95	30	50	70
C	60	128	170
C#	40	55	80
C++	40	55	140
Cobol	65	107	150
Fortran 90	45	80	125
Fortran 95	30	71	100
Java	40	55	80
Makro Assembler	130	213	300
Perl	10	20	30
Smalltalk	10	20	40
SQL	7	13	15
Standardwert für Programmiersprachen der 2. Generation (Fortran 77, Cobol, Pascal usw.)	65	107	160
Standardwert für Programmiersprachen der 3. Generation (Fortran 90, Ada 83 usw.)	45	80	125
Microsoft Visual Basic	15	32	41

Abbildung 3: Codezeilen je Function Point für verschiedene Programmiersprachen[39]

Zur Erklärung ein fiktives Beispiel: Bei einer Schätzung gemäß der Function-Point-Methode werden für ein Projekt 284 Function Points ermittelt. In der Programmiersprache Java ergeben sich daraus 11.360 bis 22.720 Codezeilen, wobei der erwartete Wert bei 15.675 Codezeilen liegt. Um keine zu genaue Schätzung vorzutäuschen, ist es empfehlenswert, einen Bereich von 11.000 bis 23.000 Codezeilen bei einem erwarteten Wert von 16.000 Codezeilen anzugeben.[40]

---

[38] vgl. Sneed (2005), S. 44.
[39] in Anlehnung an McConnell (2006), S. 237.
[40] vgl. McConnel (2006), S. 237.

2.3.4 Die Object-Point-Methode – Eine Variante der Function-Point-Methode

Eine Abwandlung der Function-Point-Methode stellt die Object-Point-Methode dar. Sie ist Mitte der 90er Jahre aus der Notwendigkeit heraus entstanden, dass nicht zu jedem Softwareprojekt konkrete Anwendungsfälle bekannt sind und daher die Function-Point-Methode nicht angewandt werden kann. Als Grundlage zur Zählung der Object-Points, eine ebenfalls künstliche Maßeinheit, kann stattdessen ein Klassendiagramm herangezogen werden. Klassendiagramme werden im Zuge der Konzepterstellung von objektorientierten Softwareprojekten erarbeitet und liefern bspw. Informationen über die Anzahl von Klassen und ihren Beziehungen zueinander. Somit stellt die Function-Point-Methode einen universellen Ansatz zur Erstellung von Aufwandsschätzungen dar, während sich die Object-Point-Methode speziell für Aufwandsschätzungen im Zusammenhang mit objektorientierten Programmiersprachen wie Java eignet.[41]

2.3.5 Die Delphi-Methode als Ergänzung zur Function-Point-Methode

„Die Praxis zeigt, dass es nicht nur eine richtige Schätzmethode gibt."[42] Vielmehr besteht „der beste ... Schätzansatz darin, diverse Methodenansätze parallel zu verwenden."[43] Eine Methode, die sich sinnvoll mit der Function-Point-Methode kombinieren lässt, ist die Delphi-Methode. Sie wird in diesem Kapitel vorgestellt.

Die Delphi-Methode ist eine sogenannte Expertenschätzung, bei der unter Anleitung eines Moderators die Aufwände der Arbeitspakete von Experten geschätzt werden. Der Moderator stellt hierzu zunächst die zu schätzenden Arbeitspakete vor und steht für Rückfragen zur Verfügung. Schließlich gibt jeder Experte eine schriftliche Schätzung ab, die vom Moderator in zusammengefasster Form vorgestellt wird. Vor der nächsten Schätzrunde wird unter den Experten eine moderierte Diskussion über die Abweichungen geführt, wobei bisher vernachlässigte Annahmen und Rahmenbedingungen schriftlich festgehalten werden. Der Schätzprozess wird so lange wiederholt, bis eine angemessene Annäherung

---

[41] vgl. Sneed (2005), S. 56-57; vgl. Kapitel **Fehler! Verweisquelle konnte nicht gefunden werden.**.
[42] Sneed (2010), S. 293.
[43] Sneed (2010), S. 293.

vorliegt. Das Schätzergebnis errechnet sich abschließend aus den Durch-schnittswerten der Einzelschätzungen.[44]

Die Delphi-Methode eignet sich insbesondere für eine erste grobe Schätzung zu Beginn eines Projektes und lässt sich sehr gut mit der Function-Point-Methode kombinieren, da auf diese Weise auf der einen Seite Punkte faktisch gezählt wer-den, auf der anderen Seite aber auch die Erfahrungen der Experten Berücksich-tigung finden.[45]

2.3.6 Einschätzung

Studien belegen, dass die Schätzungen von zertifizierten Function-Point-Zählern nicht um mehr als 10 Prozent voneinander abweichen.[46] Gründe hierfür sind vor allem der Einfluss von Erfahrungen vergangener Softwareprojekte sowie die Ob-jektivität, die dadurch gewährleistet ist, dass bei dieser Schätzung keine persön-lichen Einflüsse berücksichtigt werden.[47]

Auch wenn die Function-Point-Methode durch die überschaubare Anzahl an Pa-rametern schnell erlernbar und durchführbar ist,[48] gilt dennoch der Grundsatz, dass mit zunehmender geforderter Schätzgenauigkeit der Zeitbedarf steigt. Des-wegen und aufgrund der Tatsache, dass die Function-Point-Methode in einem sehr frühen Projektstadium zum ersten Mal angewandt wird und sich das Projekt zu diesem Zeitpunkt durch z.B. kurzfristige Kundenwunschänderungen noch sehr variabel verhält, wurden vereinfachte Techniken der Function-Point-Methode ent-wickelt. Auch wenn im Rahmen dieser Semesterarbeit nicht auf die einzelnen Methoden eingegangen werden kann, bleibt doch festzuhalten, dass die Verein-fachungen i.d.R. auf den Wegfall bestimmter Eingangsparameter abzielen.[49]

---

[44] vgl. Hindel et al. (2009), S. 60-61.
[45] vgl. Hindel et al. (2009), S. 66.
[46] vgl. McConnell (2006), S. 236.
[47] vgl. Bundschuh/Fabry (2000), S. 185.
[48] vgl. Bundschuh/Fabry (2000), S. 186.
[49] vgl. McConnel (2006), S. 238.

3 Zusammenfassung

Zusammenfassend lässt sich die Aussage treffen, dass die Function-Point-Methode dank vieler Vorteile als sinnvolles Instrument in einer frühen Projektphase eingesetzt werden kann und dabei eine hohe Schätzgenauigkeit erzielt wird. Soll der Zeitbedarf für die Schätzung reduziert werden, ist die Methode so flexibel, dass vereinfachte Varianten bereitstehen.

Auch für den Fall, dass es sich um objektorientierte Softwareprojekte handelt bzw. persönliche Einflüsse und Erfahrungen Berücksichtigung finden sollen, stehen mit der Object-Point-Methode bzw. der Delphi-Methode Schätzverfahren zur Verfügung, die als Variante bzw. Ergänzung zur Function-Point-Methode sinnvoll eingesetzt werden können.

In der Praxis werden zudem die Function-Point- und die Delphi-Methode häufig miteinander kombiniert.

Literaturverzeichnis

Borchers, D. (2006)

Hartz IV-Software: 230 Millionen Euro Zusatzkosten,

http://www.heise.de/newsticker/meldung/Hartz-IV-Software-230-Millionen-Euro-Zusatzkosten-162983.html, Stand: 03.02.2011.

Bundschuh, M./Fabry, A. (2000)

Aufwandschätzung von IT-Projekten, 1. Aufl., Bonn.

DeMarco, T. (2004)

Was man nicht messen kann…, 2. Aufl., Bonn.

Grau, T. (2010)

Einführung in die Betriebswirtschaftslehre – Foliensatz für Studenten, Hameln.

Hindel, B./Hörmann, K./Müller, M./Schmied, J. (2009)

Basiswissen Software-Projektmanagement, 3. Aufl., Heidelberg.

Hoffmann, D. (2010)

Projektkostenrechnung: Was kostet ein Function Point?,

http://www.it-daily.net/content/view/3544/32/,

Stand: 10.12.2010.

Jeffery, D./Low, G. (1990)

Function-Points in the Estimation and Evaluation of the Software Process,

http://cms.spit.ac.in/go/userfiles/file/IEEE%5B7%5D.pdf,

Stand: 10.12.2010.

Kemerer, C. (1993)

Reliability of Function-Point Measurement – A Field Experiment,

http://www.pitt.edu/~ckemerer/CK%20research%20papers/ReliabilityOfFP_Kemerer93.pdf, Stand: 10.12.2010.

Lange, B. (2010)
Pi mal Daumen; in: iX, Jahrgang 2010, Heft: 1, S. 124-127.

McConnell, S. (2006)
Aufwandschätzung für Softwareprojekte, 1. Aufl., Unterschleißheim.

o. V. (2000)
Projektmanagement für die IT-Berufe, 1. Aufl., Bremen.

o. V. (2005)
Irische Behörden stoppen SAP-Projekte,
http://www.computerwoche.de/nachrichtenarchiv/567474/,
Stand: 30.01.2011.

o. V. (2009)
About IFPUG,
http://www.ifpug.org/about/,
Stand: 10.12.2010.

Schwarze, J. (2010)
Projektmanagement mit Netzplantechnik, 10. Aufl., Herne.

o. V. (2011a)
Edward Yourdon,
http://en.wikipedia.org/wiki/Edward_Yourdon,
Stand: 30.01.2011.
o. V. (2011b)
Strukturiertes Design,
http://de.wikipedia.org/wiki/Strukturiertes_Design,
Stand: 30.01.2011.

Sneed, H. (2005)
Software-Projektkalkulation, 1. Aufl., München/Wien.

Sneed, H. (2010)

Aufwandsschätzung in IT-Projekten; in: Tiemeyer, E.. (Hrsg.), Handbuch IT-Projektmanagement, München, S. 267-306.

Anhang

Anhang 1: Beispiele für Geschäftsziele in der Softwareindustrie

- „Die Softwareversion 3.0 muss zur Messe im Mai fertig sein."
- „Diese Version muss vor dem Katalogdruck fertiggestellt sein."
- „Die neuen Funktionen müssen bis zum 1. August fertig sein, damit wir der Konkurrenz vorgreifen."[50]

Anhang 2: Untersuchte Schätzmethoden bei einer Vergleichsstudie von Chris Kemerer

- Function-Point
- SLIM
- COCOMO
- Estimacs[51]

Anhang 3: Einflussfaktoren der Function-Point-Methode

- data communications
- distributed functions
- performance requirements
- hardware configuration
- high transaction rate
- online data entry
- end-user efficiency
- online update
- complex processing
- reusable requirements
- ease of installation
- operational ease
- multiple sites
- ease of modification[52]

---

[50] vgl. McConnell (2006), S. 33.
[51] vgl. Bundschuh/Fabry (2000), S. 183.
[52] vgl. Sneed (2005), S. 43.

Anhang 4: Beispielberechnung der Function-Point-Methode

1. Anzahlermittlung

Typ	Einfach	Mittelkomplex	Komplex
Externe Eingabe	4	6	2
Externe Ausgabe	2	1	3
Externe Abfrage	0	2	1
Interne Datenbank	5	7	4
Ext. Schnittstelle	2	2	3

Tabelle 2: Anzahlermittlung bei der Function-Point-Methode[53]

2. Gewichtung

Typ	Einfach	Mittelkomplex	Komplex
Externe Eingabe	4 x 3 = 12	6 x 4 = 24	2 x 6 = 12
Externe Ausgabe	2 x 4 = 8	1 x 5 = 5	3 x 7 = 21
Externe Abfrage	0 x 3 = 0	2 x 4 = 8	1 x 6 = 6
Interne Datenbank	5 x 7 = 35	7 x 10 = 70	4 x 15 = 60
Ext. Schnittstelle	2 x 5 = 10	2 x 7 = 14	3 x 10 = 30
Summen	65	121	129

Summe *(unjustierter Function-Point-Wert)*: 65 + 121 + 129 = 315

Tabelle 3: Gewichtung bei der Function-Point-Methode[54]

3. Berechnung des Einflussfaktors

data communications	4	online update	2
distributed functions	2	complex processing	3
performance requirements	3	reusable requirements	2
hardware configuration	1	ease of installation	3
high transaction rate	2	operational ease	2
online data entry	0	multiple sites	2
end-user efficiency	4	ease of modification	1
Summe = 31			
Einflussfaktor = 31 x 0,01 + 0,65 = 0,96			

Tabelle 4: Berechnung des Einflussfaktors[55]

---

[53] in Anlehnung an Sneed (2010), S. 283.

[54] in Anlehnung an Sneed (2010), S. 283.

[55] in Anlehnung an Sneed (2010), S. 283.

4. Berechnung des justierten Function-Point-Zählers

justierter Function-Point-Zähler

= unjustierter Function-Point-Wert x Einflussfaktor

= 315 x 0,96

= **302,4**

Anhang 5: Durchschnittlicher Aufwand der Softwarebranche

Durch komplexe Formeln lassen sich Diagramme zur Darstellung des durch-
schnittlichen Aufwandes für Softwareprojekte erstellen. Beispielhaft folgt ein Di-
agramm für Projekte, die öffentlich im Internet zur Verfügung stehen. Dabei bil-
det die dicke Linie den Gesamtaufwand eines Projektes ab; die obere dünnere
Linie zeigt den um eine Standardabweichung erhöhten Gesamtaufwand an.[56]

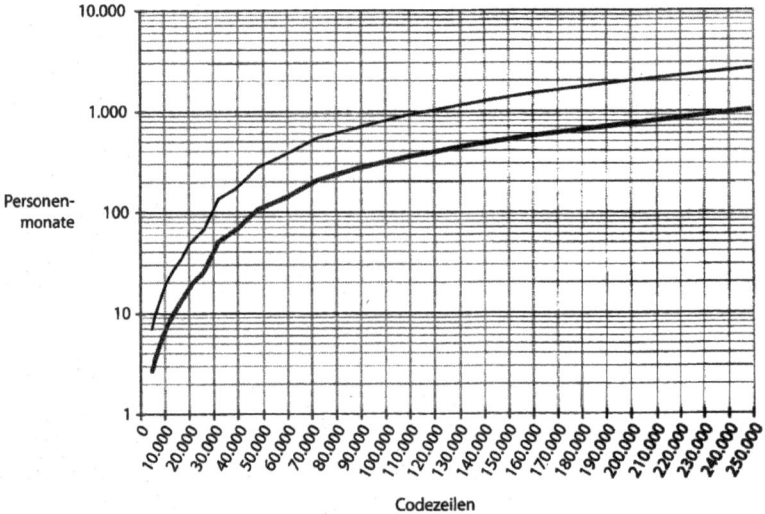

Abbildung 4: Durchschnittlicher Aufwand der Softwarebranche[57]

---

[56] vgl. McConnell (2006), S. 246-247.
[57] McConnell (2006), S. 251.

Anhang 6: Function-Point-Produktivitätskurve

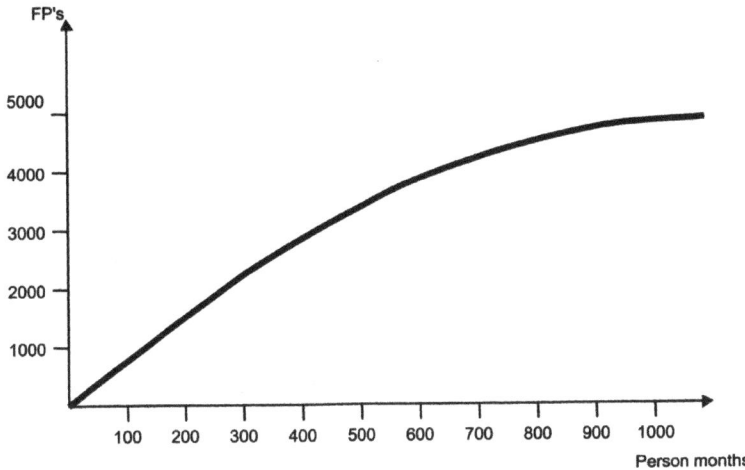

Abbildung 5: Function-Point-Produktivitätskurve[58]

---

[58] vgl. Sneed (2005), S. 44.

Glosar

International Function Point Users Group (IFPUG)

Website www.ifpug.org

Irish Personnel, Payroll and Related Systems (PPARS)

Ehemaliges Softwareprojekt, eine auf SAP basierende Verwaltungssoftware für die irische Gesundheitsbehörde zu erstellen.[59]

Wirtschaftlichkeitsanalyse

Eine Methode zur Ermittlung, ob eine angestrebte Investition getätigt werden sollte. Um die Wirtschaftlichkeit zu ermitteln, werden die zu erwartenden Leistungen in Relation zu den Kosten gesetzt.[60]

Yourdon, Edward

Edward Yourdon ist ein amerikanischer Software-Entwickler, EDV-Berater, Autor und Dozent. Er gilt als Pionier des strukturierten Designs (SD), einem Entwurfsmuster in der Softwaretechnik.[61]

---

[59] vgl. o. V. (2011b).
[60] vgl. Grau (2010), Folie 16.
[61] vgl. o. V. (2011a).

BEI GRIN MACHT SICH IHR WISSEN BEZAHLT

- Wir veröffentlichen Ihre Hausarbeit, Bachelor- und Masterarbeit

- Ihr eigenes eBook und Buch - weltweit in allen wichtigen Shops

- Verdienen Sie an jedem Verkauf

Jetzt bei www.GRIN.com hochladen und kostenlos publizieren